kip

găună

haan

cocoș

kuiken

pui

eendje

rățușcă

kalkoen

curcan

ezel

măgar

zwaan

lebădă

kikker

broască

wasbeer

raton

beer

urs

eekhoorn

veveriță

vlieg

muscă

lieveheersbeestje

gărgăriță

worm

vierme

slak

melc

naaktslak

limax

bij

albină

spin

păianjen

kever

cărăbuș

libel

libelulă

leeuw

leu

zebra

zebră

giraffe

girafă

neushoorn

rinocer

slang

șarpe

mug

țânțar

zeeschildpad

țestoasă marină

nijlpaard

hipopotam

alligator

aligator

krokodil

crocodil

haai

rechin

walrus

morsă

pinguïn

pinguin

ijsbeer

urs polar

zeehond

focă

zeester

stea de mare

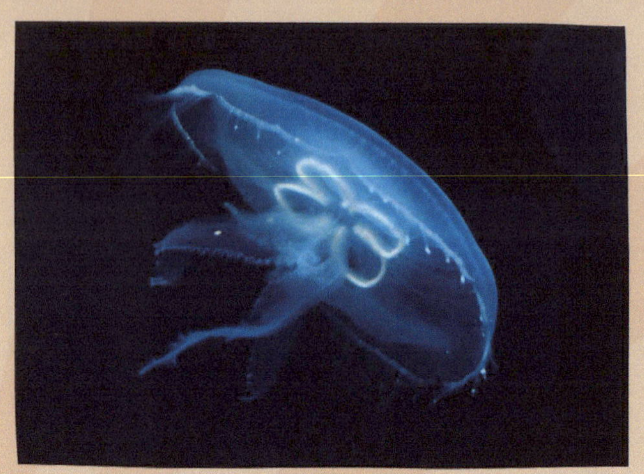

kwal

meduză

schelpen

scoici

veer

pană

11

elf

unsprezece

12

twaalf

doisprezece

13

dertien

treisprezece

14

veertien

paisprezece

15

vijftien

cincisprezece

16

zestien

şaisprezece

17

zeventien

şaptesprezece

18

achttien

optsprezece

19

negentien

nouăsprezece

20

twintig

douăzeci

hart
inimă
ovaal
oval
pijl
săgeată
halve maan
semilună

boog

curbă

spiraal

spirală

kruis

cruce

zigzag

zigzag

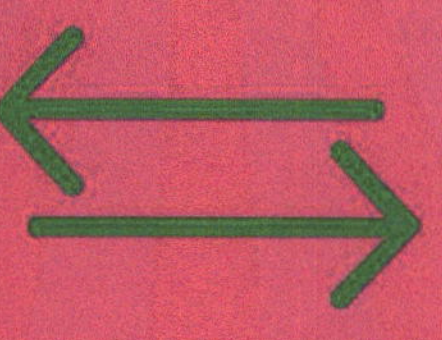

donkere kleuren

culori închise

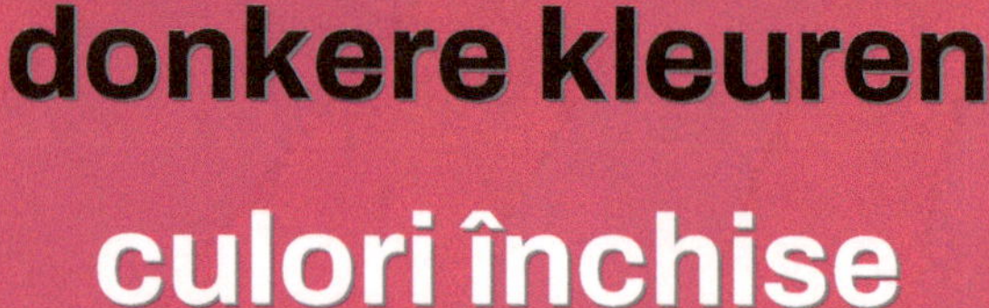

lichte kleuren

culori deschise

stippen
puncte
lijn
linie
kort
scund
lang
înalt

 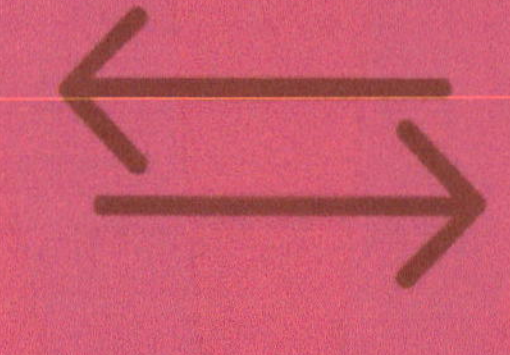 

een beetje

puțin

heel veel

mult

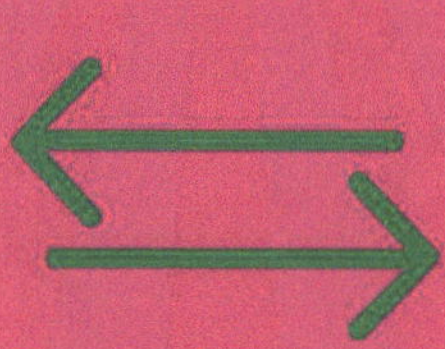 

vol

plin

leeg

gol

gekruld haar

păr creț

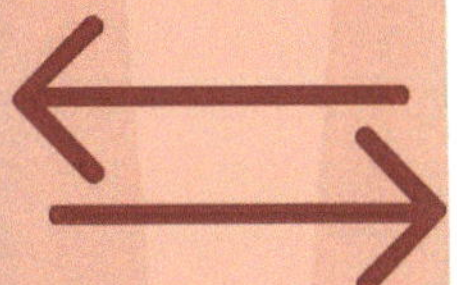

stijl haar

păr drept

accepteren

a accepta

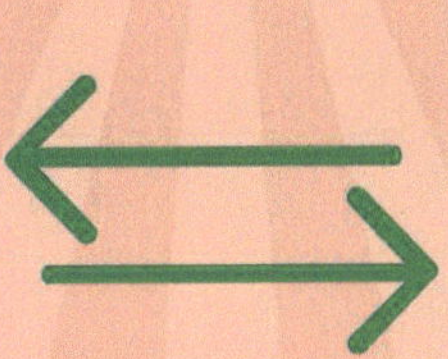

weigeren

a refuza

identiek

identic

verschillend

diferit

droog

uscat

nat

ud

speelgoed

jucării

blokken

cuburi

bal

minge

robots

roboți

tong

limbă

neus

nas

haar

păr

snor

mustață

vingers

degete

arm

braț

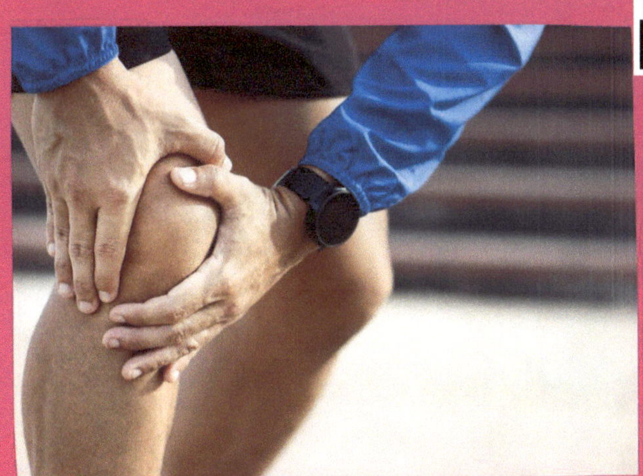

knie

genunchi

elleboog

cot

glimlachen

a zâmbi

kus

sărut

huilen

a plânge

pijn

durere

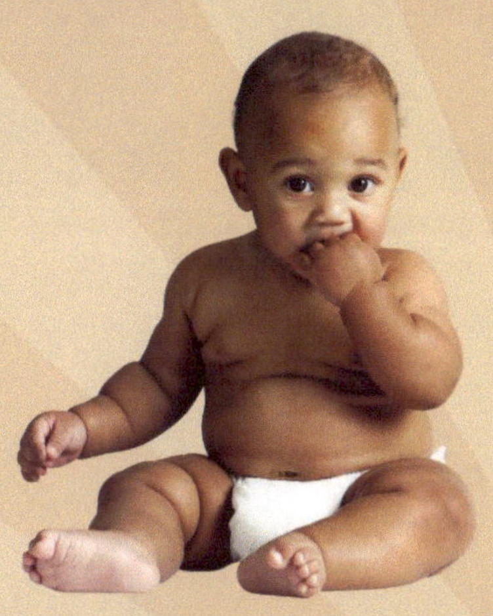

lichaam

corp

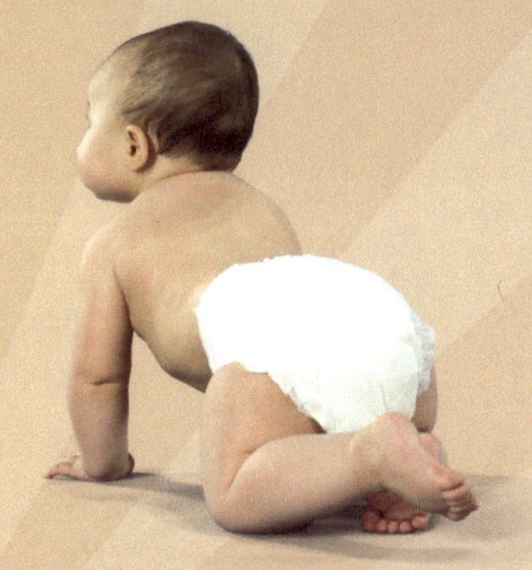

rug

spate

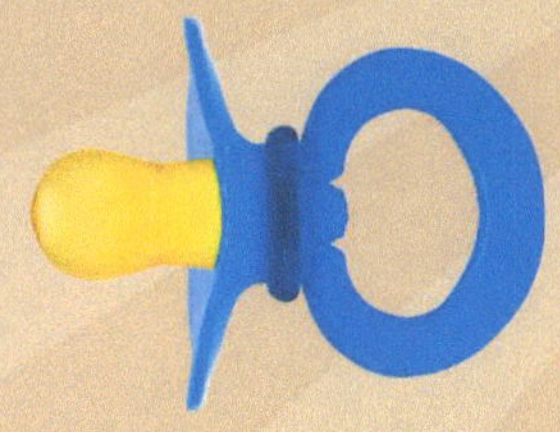

speen

suzetă

kinderstoeltje

scaun înalt

zeep

săpun

tandenborstel

periuță de dinți

handdoek

prosop

potje

oliță

ring

inel

armband

brățară

halsketting

colier

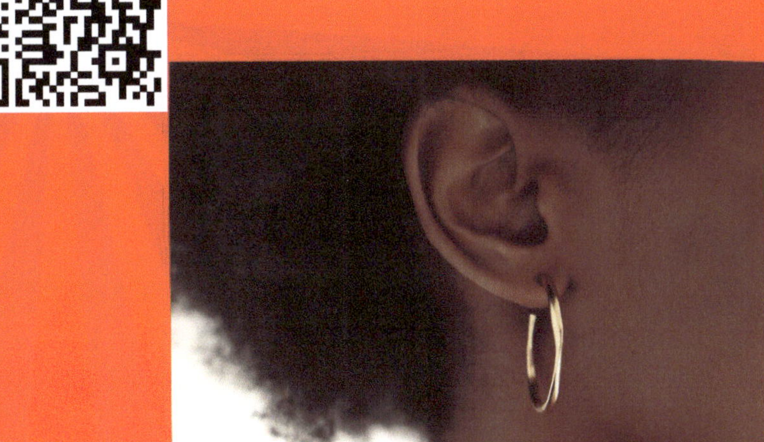

oorbel

cercel

chocolade

ciocolată

popcorn

popcorn

jam

gem

geroosterd brood

pâine prăjită

honing

miere

boter

unt

brood

pâine

ijsje

înghețată

griesmeel

griș

rijst

orez

pasta

paste

soep

supă

melk

lapte

water

apă

sap

suc

kiwi

kiwi

framboos

zmeură

grapefruit

grepfrut

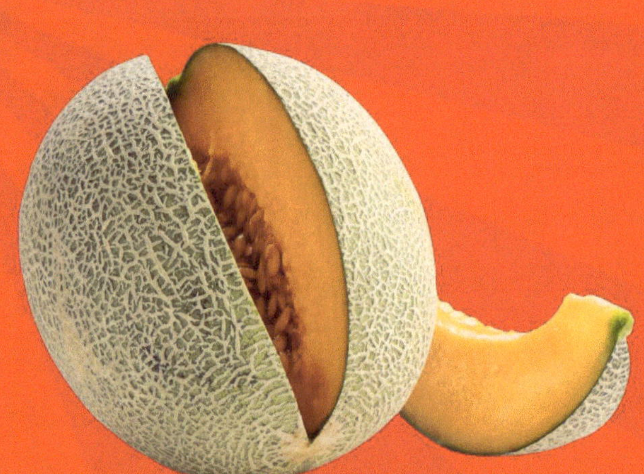

meloen

pepene galben

pruim

prună

abrikoos

caisă

granaatappel

rodie

vijg

smochină

bosbes

afină

veenbes

merișor

kaki

kaki

lychee

litchi

fruit

fructe

groenten

legume

avocado

avocado

sperzieboon

fasole verde

broccoli

broccoli

aubergine

vânătă

erwten

mazăre

paprika

ardei gras

biet

sfeclă

sla

salată verde

andijvie

andivă

artisjok

anghinare

prei

praz

ui

ceapă

knoflook

usturoi

gember

ghimbir

walnoten

nuci

amandel

migdală

pistache

fistic

cashewnoot

caju